Naadamaading

Naadamaading

Dibaajimowinan Ji-nisidotaading

Edited by Anton Treuer

Illustrated by Jonathan Thunder

MINNESOTA
HISTORICAL
SOCIETY PRESS

Originally published in 2013 by Wiigwaas Press.

The first edition of this book was published in partnership with the Fond du Lac Tribal College and the Fond du Lac Tribal and Community College in Cloquet, Minnesota, in conjunction with Ojibwemotaadidaa Omaa Gidakiiminaang, Ojibwe Immersion Academy, and funded, in part, by the Minnesota Arts and Cultural Heritage Fund as appropriated by the Minnesota State Legislature with money from the Legacy Amendment vote of the people of Minnesota on November 4, 2008.

mnhspress.org

The Minnesota Historical Society Press is a member of the Association of University Presses.

Manufactured in the United States of America

10 9 8 7 6 5 4 3 2 1

♾ The paper used in this publication meets the minimum requirements of the American National Standard for Information Sciences—Permanence for Printed Library Materials, ANSI Z39.48-1984.

International Standard Book Number
ISBN: 978-1-68134-222-1 (paper)
ISBN: 978-1-68134-223-8 (e-book)

Library of Congress Cataloging-in-Publication Data available upon request.

This and other Minnesota Historical Society Press books are available from popular e-book vendors.

Dibaajimowinan

Miigwechiwendamowinan / 6

Anton Treuer

Makoons Giigoonyiked / 11

Nancy Jones, Anton Treuer, Lucia Bonacci

Waawaashkeshiins / 23

Nancy Jones, Anton Treuer, Lucia Bonacci

Gii-mawinzowaad Makoons Miinawaa Nigigoons / 39

Rose Tainter, Lisa LaRonge

Bagida'wewin / 53

Eugene Stillday, Michael Sullivan

Gii-wewebanaabiiwaad Nigigoons Miinawaa Makoons / 67

Rose Tainter, Lisa LaRonge

Ishkwaabii'igewin / 82

Endazhiikangig / 85

Miigwechiwendamowinan

Akawe niwii-miigwechiwi'aanaanig ongow gaa-
wiidookawiyangidwaa Bemidji State University Professional
Improvement Grant Program, miinawaa Minnesota State
Arts Board, miinawaa Minnesota Humanities Center,
miinawaa Minnesota Historical Society, miinawaa National
Endowment for the Humanities *We the People Project*,
miinawaa National Endowment for the Humanities/
National Science Foundation Documenting Endangered
Languages Fellowship Program, miinawaa American
Philosophical Society, miinawaa Bush Leadership Fellows
Program, weweni sa go gaye John Simon Guggenheim
Foundation. Ingii-wiidookaagonaanig igo gaye niibowa
bemaadizijig, memindage Matthew Brandt, Eden Bart,
Grady Appleton, Paul miinawaa Betty Day, Heid Erdrich,
Louise Erdrich, Steven Foley, Persia Erdrich, miinawaa
James Cihlar. Chi-miigwech gakina gegoo gaa-izhichigeyeg.
Niwii-miigwechiwi'aanaanig igo gaye gakina anishinaabeg

gekendamowaad o'ow inwewin epiitendamaang miinawaa
sa go gaye gakina gaa-wani'angidwaa, memindage Archie
Mosay, Connie Rivard, Maude Kegg, James Clark, Millie
Benjamin, miinawaa Thomas Stillday.

Gaa-ishkwaa-ozhibii'amaang iw mazina'igan
Awesiinyensag, ingii-minwendaamin gii-inaakonigaadeg
miinigooyang iw "Minnesota's Best Read 2011 by the
Center for the Book in the Library of Congress." Niwii-
miigwechiwi'aa Wesley Ballinger gaa-mazinibii'ang iw
mazina'igan. Gaawiin ogii-kashkitoosiin ji-mazinibii'ang
o'ow, geget dash niigaan nawaj oga-gashkitoon. Jonathan
Thunder dash nitaa-mazinibii'ige mazinibii'ang o'ow
Naadamaading.

Aapiji go gaye nimiigwechiwendaamin gidinwewininaan.
Mii o'ow gidinwewininaan. Mii ow minwewebagaasing
miinawaa sa go gaye minweweyaandagaasing. Mii
ow memadweyaashkaagin zaaga'iganiin miinawaa sa
go gaye bineshiinyag nagamotaadiwaad megwayaak.
Mii ow enitaagoziwaad ma'iinganag waawoonowaad,
naawewidamowaad. Mii ow gidinwewininaan wendinigeyang
bimaadiziwin, gikenindizoyang anishinaabewiyang,
gidinwewininaan gechitwaawendaagwak gaa-ina'oonigooyang
gimanidoominaan.

Gego baapinenimaaken awiya!
Giishpin izhichigeyan giga-bi-azhe-giiwenodaagon!

—*Eugene Stillday*

Makoons Giigoonyiked

NANCY JONES
ANTON TREUER
LUCIA BONACCI

Goshkozi Makoons wiinge sa naa noondeskade.

"Mii maawiin azhigwa ziigwanogwen," inendam. "Ginwenzh ningii-na'ii. Ginwenzh ningii-nibaa. Gashkomaa ninga-inaab agwajiing.

Mii na maawiin zhigwa ziigwanogwen? Howa, geget ziigwan!"

Akawe imaa naaniibawi. Naanaagadawendam aandi ge-izhi-ando-wiisinid. Mii sa gaa-izhi-mikwendamosed, "Ningikendaan ge-izhi-ando-wiisiniyaan. Ziibiinsing iwidi."

Gii-ani-maajii'adoo wii-izhaad iwidi. Owaabamaa'
migiziwa' gizhibaayaashinid.

"Naa," inendam. "Mii i' aamiwaagwen namebinag."

Mii sa gaa-izhi-bakobiigwaashkwanid, maajii-gagwe-debibinaad. Inaabid ogidaajiwan biidaaboononid Nigigoonsan.

"Hmmm, ningikenimaa gimoodishki Nigigoons. Gaawiin ninga-agwaawebinaasiig ningiigoonyimag."

Onoondawaan gaye gayaashkwan, babaa-
noondaagozinid, "Niin…niin…niin…nindaya'iim."

Eshkam igo ani-zazaagiziyendam Makoons. Odaana-
gashkiningwiimaa' aanind gaye odakwamaa'.
Mii dash gaa-izhi-ozhaashaabikishing, gaa-izhi-
baninaad ogiigoonyima'. Zezikaa gayaashkwag ogii-pi-
debibinaawaa' ani-niisaaboozonid giigoonya'. Gaye wiin
igo Migizi aanind odebibinaa'. Gaye wiin Nigigoons
odaana-wii-tebibinaa'. Aazha dash gakina binesiwag ogii-
tebibinaawaa'.

Miinawaa gayaashkwag inwewaad, "Niin…niin…
niin…nindaya'iim."

Nigigoons ezhi-biibaagid, "Bekaa! Bekaa! Gegoo
giwii-wiindamawininim. Ambeyok omaa! Makwa ge giin.
Daga sa naa wiidookodaadidaa! Giin Makoons, giga-
agwaawebinaag giigoonyag. Niin ninga-ani-zagakishimaag.
Migiziins ozhisidoon adoopowinaak ge-dananjigeyang!"

Makoons niibiwa ogii-agwaawebinaa' giigoonya'.
Migiziins ogii-ozhisidoon waa-tananjigewaad.

"Bekaa! Bekaa," ikidowag gayaashkoonsag miinawaa
Migiziins. "Awiya akawe odaa-gii-kaagiigido jibwaa-
wiisiniyang."

"Enya'," ikidowag gayaashkoonsag. "Awedi Makoons anoonaadaa ji-gaagiigidod! Ambe Makoons, mii azhigwa ji-wiisiniyang."

"Nashke asemaa giwii-miinin," ikido Nigigoons. "Ginandawenimigoo ji-wiikongetaagoziyan."

"Bekaa, akawe ninga-giizikaan nimbagizowayaan. Ninga-biizikaanan nimbiizikiganan."

Gaa-kiizhiitaad, aapiji weweni gii-miigwechiwitaagozi. Mii dash gaa-izhi-maajii-oko-wiisiniwaad.

"Nashke mii owe ezhi-minoseyang oko-wiidookodaadiying. Gaawiin geyaabi awiya gegoo manezisii."

Waawaashkeshiins

NANCY JONES

ANTON TREUER

LUCIA BONACCI

Waabooz miinawaa Nigigoons ani-maajaawag. Owii-mawadisaawaan Gaagaagiwan ji-aadizookamaagowaad. Nitaa-aadizookewan Gaagaagiwan.

Mii dash ekidod Waabooz, "Niin ninga-niigaanii, ninga-ani-miikanaashkige." Mii dash Nigigoons ani-zhaashooshkwajiwed.

Mii dash ekidod, "Daga sa naa ani-wiizhaamaadaa Waawaashkeshiins."

Ogii-nagishkawaawaan Waawaashkeshiinsan.

"Aaniish waa-izhichigeyeg?"

"Niwii-awi-bizindawaanaan Gaagaagi wii-aadizooked."

"Ahaaw sa ge niin ninga-izhaa." Odasemaan odebibinaan jibwaa-ani-maajaawaad.

"Ninaniizaanendaan giishpin ji-ani-ishpaagonagaag,"
gii-ikido Waawaashkeshiins.

"Gego daga naa naniizaanendangen, giga-wiiji'igoo,
giga-miikanaashkamaagoo," ikido Waabooz.

Mii sa gaa-ani-izhi-maajaawaad. Megwaa go ani-
bimosewaad, ezhi-gichi-bangishiponinig. Eshkam igo ani-
ishpaagonagaani bimosewaad.

"Baabii'ishig, wiinge gosha naa ningichi-bapajiba'am.
Gaawiin ganabaj nindaa-gashkitoosiin geyaabi ji-
bimoseyaan. Onzaam ishpaagonagaa."

"Niinawind iko ezhichigeyaang
aagimag nindoozhi'aanaanig," gii-
ikido Waabooz.

Ogii-nakwetaagon
Waawaashkeshiinsan, "Wegodogwen
waa-aabajitooyan ozhi'adwaa
aagimag?"

"Nashke awedi aabaji'aadaa
wiigwaasaatig gaa-badakizod."
Waabooz wiinitam onandonaan
odasemaan.

Nigigoons ogii-kawiwebishkawaan wiigwaasaatigoon.
Gaa-izhi-baabagonaawaad. "Aaniin ge-izhichigeyang ji-
bapagone'amang wiigwaas?"

Ezhi-waabamaawaad baapaasen. "Nashke awedi
anoonaadaa giga-bi-wiiji'igonaan," Waabooz izhi-inaad
Waawaashkeshiinsan.

"He nishiimens daga ambe omaa bi-
wiidookawishinaam! Niwii-aagimikemin, gaawiin idash
ningashkitoosiimin ji-bapagone'amaang wiigwaas."

Ogii-nakwetaagowaan baapaasen, "Haaw sa
giga-wiiji'ininim. Ninga-aabajitoon nikoozh. Ninga-
bapagone'aan wiigwaas."

"Nashke owe nimakizineyaab gidaa-aabajitoon. Aapiji ginwaabiigad. Aabita gidaa-bakizhaan," gii-ikido Nigigoons.

"Ahaaw miiwan iniwe ge-odadimanaaniyan."

"Miigwech," ikido Waawaashkeshiins.

Miinawaa gaa-ani-izhi-maajaawaad odebaabandaanaawaa Gaagaagi endaanid gaa-izhi-madweyaakwa'amawaawaad.

"Biindigen," madwe-ikido Gaagaagi.

Gaa-izhi-biindigewaad wiinge mino-giizhooteni biindig endaad Gaagaagi. Ezhi-andonaad asemaan, omiinaan Gaagaagiwan. Ogagwejimaan, "Gidaa-aadizooke na? Gibi-ando-bizindaagoo."

"Ahaaw noozhishenyidog, onabiyok jiigishkode.
Bekaa," ikido Gaagaagi. "Akawe gidaa-mooshkinatamaw
nindoopwaagan."

Mii dash awe Waawaashkeshiins gaa-izhi-
mooshkinatawaad Gaagaagi odoopwaaganan.

Ginwenzh igo gii-aadizooke Gaagaagi. Mii dash izhi-
waabamaad awesiiyensa' ani-gawingwashinid. Mii sa gaa-
izhi-ishkwaa-aadizooked.

Mii dash ekidod Gaagaagi, "Na' iwedi binewijiid gaa-
ani-zipokaag."

Nigigoons ogiimooji-ganoonaa', "Mii i' ganabaj
ishkwaa-aadizooked gookomisinaan."

Mii dash ekidonid ookomisiwaan, "Bizaan igo omaa
gidaa-nibaam. Nashke owe maawandoogwaason gidaa-
agwazhem."

Awesiiyensag zhoomiingweniwag gii-ani-
nibaawaad.

"Ganabaj bawaajigewag," inendam Gaagaagi.
Zhoomiingweni ge wiin.

Mii sa ekwaabiigak.

Gii-mawinzowaad Makoons Miinawaa Nigigoons

Rose Tainter

Lisa LaRonge

Makoons abi endaawaad.
Nigigoons gii-pi-izhi-dagoshing, gii-paapaagaakwa'ige.

Makoons ikido, "Biindigen!"

Gii-piindige a'aw Nigigoons.

"Boozhoo Makoons," ikido Nigigoons.

"Boozhoo Nigigoons, gidaa-mawinzomin ina
noongom? Nimaamaa ingii-wiindamaag editenig miinan
ji-mawinzoyaan. Giwii-wiijiiw ina?" ogii-kagwejimaan
Nigigoonsan.

"Enya' giga-wiijiiwin," ikido Nigigoons.

"Gidaa-ozhitoomin ge-nawapoyang, miinawaa gidaa-
maajiinaanaanig akikoonsag," ikido Makoons.

"Gaawiin gidaa-wanenimaasiwaanaan asemaa
ji-biindaakoojigeyang jibwaa-mawinzoyang," ikido
Nigigoons.

Naboniganan ogii-ozhi'aawaan wiiyaas miinawaa
gichi-doodooshaaboo. Ogii-wiiweginaawaan bimide-
mazina'iganing. Ogii-andawaabamaawaan iniw akikoonsan
ji-maajiinaawaad.

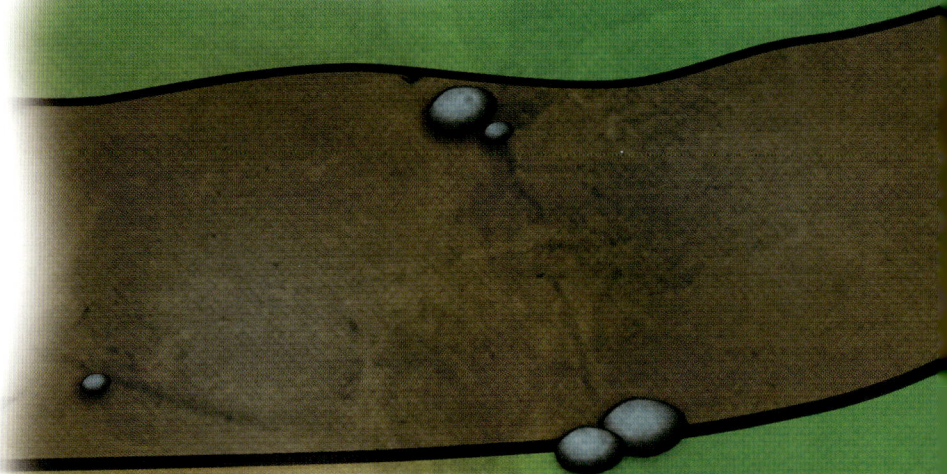

"Gidoozhiitaamin!" ikido Makoons.

"Ahaaw maajaadaa," ikido Nigigoons.

Noopiming gii-izhaawag wii-mawinzowaad.
Waasa go naa gii-izhaawag. Gii-mikamowaad miinan.
Baataniinadoon miinan. Makoons ikido, "Gego
ningaapoonoken," odinaan Nigigoonsan. "Giishpin
ningaapoonoyan, gaawiin gidaa-mooshkina'aasiin
gidakikoons."

Makoons gii-ikido, "Mii iwe gaa-ikidod nimaamaa."

"Geget igo gii-tebwe," ikido Nigigoons.

Gii-piindaakoojigewag jibwaa-mawinzowaad.

Maajii-mawinzowaad gii-ikido Makoons, "Omaa niin

ninga-dazhi-mawinz. Gaye giin dash? Iwidi gidaa-

wi-mawinz. Bizindawishin gaa-wiindamoonaan, gego

ningaapoonoken."

Mii dash gii-maajii-mawinzowaad. Ayaapii
gaganoonidiwaad. Gaawiin igo aapiji nakwetanziin
Nigigoons. Makoons ogii-mooshkina'aan odakikoonsan.

Gaa-izhi-andawaabamaad Nigigoonsan, "Nigigoons!
Aaniindi eyaayan?" Gaawiin nakwetanziin Nigigoons.

Maajii-andawaabamaad Nigigoonsan, gaawiin
omikawaasiin. Odaano-biibaagimaan igaye. Gabe-ayi'ii
go naa ogii-andawaabamaan Nigigoonsan. Gaa-izhi-
mikawaad imaa mitakamig gii-kawingwashinigwen.

"Nigigoons! Goshkozin! Aaniin dash wenji-nibaayan? Gigii-mooshkina'aa na gidakikoonsim?"

"Gaawiin," ikido Nigigoons. "Gaawiin gigii-pizindoosinoon ji-ningaapoonosiwaan. Ningii-tebisinii gii-miijiyaan iniw miinan. Mii gaa-izhi-noonde-nibaayaan. Gaawiin onjida ningii-toodanziin."

"Daga shko giga-wiidookoon ji-mooshkina'ad
gidakikoonsim," Makoons ikido. Mii sa geget gaa-
mooshkina'aawaad Nigigoons odakikoonsiman. "Mii sa
azhigwa ji-ani-giiweyang. Ani-onaagoshin."

Ani-niigaanii Makoons. "Weweni bimosen," odinaan
Nigigoonsan.

Megwaa bimosewaad Nigigoons gaa-izhi-bakiteshing gii-siigwebisenid odakikoonsiman.

"Inashke, gidaano-gii-wiindamoon weweni ji-bimoseyan. Nashke dash ezhiwebiziyan bakiteshinan."

"Daga shko azhegiiwedaa ji-wi-mooshkina'ang gidakikoonsim," gii-ikido Makoons.

Gii-azhegiiwewag gii-wii-mooshkina'aawaad
Nigigoons odakikoonsiman.

Makoons odinaan Nigigoonsan, "Giin dash? Giga-
naaniigaanii. Weweni bimosen."

Dagoshinowaad iwidi Makoons endaad, omaamaayan
ogii-igoon, "Daga shko ninga-gibaakwa'aanan iniw
miinan. Gidaa-andawaabandaanan omoodayan. Mii
ge-ni-aabajitooyaan. Giishpin debiseyaan ninga-ozhi'aa
biitoosijigan."

Makoons ogii-inaan Nigigoonsan, "Gidaa-
giiwewidamawaa iniw miinan gimaamaa gaye wiin daa-
gibaakwa'ige maagizhaa odaa-ozhi'aan biitoosijiganan.
Weweni dash ani-bimosen. Gego wiin naa bakiteshingen
miinawaa."

"Miini-biitoosijigan-bakwezhigan niminopwaa," ikido
Nigigoons.

"Gaye niin niminopwaa," ikido Makoons.

Mii sa iw.

Bagida'wewin

Eugene Stillday

Michael Sullivan

Migiziins, Makoons, miinawaa Nigigoons gii-ayaawag ishkoniganing. Bebesho gii-wiij'ayaandiwag imaa godagiing. Migiziins ogii-wiidookawaan oosan bagida'waanid. Makoons gaye wiin ogii-wiidookawaan oosan bagida'waanid. Mii go gaye wiin naasaab gaa-izhichiged Nigigoons gii-wiiji'aad oosan. Endaso-onaagoshig ogii-wiijiiwaawaan owi-bagida'waanid oosiwaan.

Aabiding Makoons miinawaa oosan gaa-izhi-
waabandamowaad nibi gichi-waawiyebiisaanig bi-
naazikaagowaad. gii-izhiwebizisiiwag.

"Gego bizikendangen i'iwe baadaasing," odigoon oosan
a'awe Makoons. "Bizaan igo bagida'waadaa. Gaawiin gegoo
gidaa-izhiwebizisiimin."

Mii dash i'iw geget gaa-pimaasininig, gaawiin gegoo
gii-izhiwebizisiiwag. Mii iw eta go gii-dapaabaawewaad.
Gaa-ishkwaa-bagida'waawaad gaa-izhi-agwaabizowaad.
Geget Makoons niiskaadaabaawazo. Mii imaa gii-
nakweshkaagowaad iniw omaamaayan.

"Aaniin dash? Gibangisaanimanishim ina?"
ogagwejimaan odakiwenziiyiman.

"Enh. Ingii-pangisaanimanishimomin. Bangii igo,"
ikidowan odakiwenziiyiman.

"Inaa hay," odinaan iniw ogozisan awe ikwe.
"Giwiinaabaawe ina?"

"Enh! Aapiji go," izhi-nakwetam Makoons.

Migiziins ogii-wiijiiwaan oosan naadasabiinid.
Gichi-gigizheb aapiji gaa-waabaninig gii-niminaawa'owag.
Mii iwidi biindoonag owanakojaawanong gii-namadabid
Migiziins, endazhingwashid igaye. Begamibizowaad
ogii-agwaabiiginaan odookandiikan gii-wiikobinaad
odasabiin, gii-wiikobinaad nishwaaso odasabiin. Ayaapii
go maamiinogwandweweba'ang i'iw jiimaan Migiziins.
Abwi ogii-aabajitoon imaa maamiinogwandweweba'ang
jiimaan. Gaa-ishkwaa-naadasabiinid iniw oosan gaa-
gichi-zhoomiingweninid igo. Mii imaa gaa-onji-jiikendam
aw Migiziins gii-pinda'anaawaad. Mii dash iw gaa-izhi-
agwaabizowaad.

Mii imaa jiigibiig bimi-ayaawaad debinaagozinid iniw ojiwaaman Nigigoons dazhi-gidinamegwenid. "Weweni dazhiikaw a'awe asab," odigoon omaamaayan Nigigoons. "Giga-badakininjiishin. Weweni igaye dazhiikaw awe ginoonzhe. Oshkiinzhigong danin ji-azhe-wiikobinad. Giishpin dakwamik, gaawiin gidaa-bagidamigosii."

Gaa-ishkwaa-gidinamegwed
Makoons mii iw bebakaan gaa-izhi-
asaad iniw giingooyan, ogaawan imaa
bezhig makakong gii-mikwamiikaanaad
igaye. Miinawaa asaawensan, ginoozhen,
adikamegwan, wiibijiinyan, miinawaa
namebinan, gii-mikwamiikaanaad. Mii
iwe niizho-makakoon gii-onashkina'aad ji-
maajiijigaazonid.

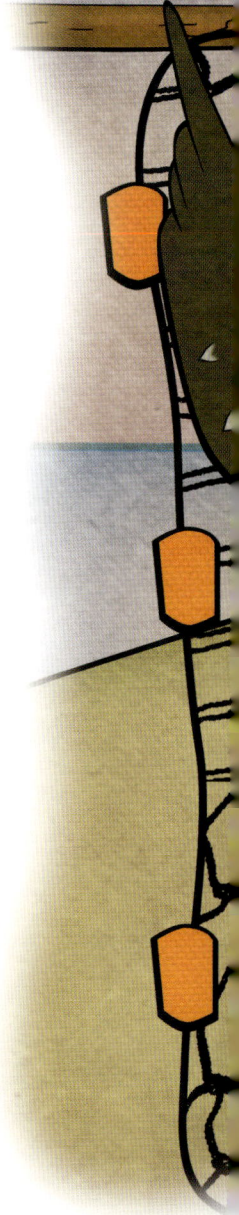

Inaabid odebaabamaan ojiwaaman Migiziins dazhi-agoodinasabiinid. Mii dash iwe gakina gaa-kiizhiitaawaad gidinamegwewaad miinawaa agoodinasabiiwaad gaa-izhi-gopiiwaad maajiidoowaad webizhiganan miinawaa zhiigozhiganan o-ningwa'amowaad.

Mii owe gaa-izhichigewaad gii-wiidookawaawaad oosiwaan miinawaa omaamaayiwaan bagida'waanid igiweg Migiziins, Makoons, miinawaa Nigigoons. Mii dash iw gaa-ishkwaa-gigizhebaa-wiisiniwaad gaa-izhi-bagidinindwaa ji-babaa-ayaawaad.

Mii imaa gaa-tazhiikewaad oodenawensing. Mii zhigwa ishkwaa-naawakweg. Niibawi imaa Makoons miikanaang. Zaaga'iganing inagakeyaa inaasamigaabawi. Makoons oganawaabamaan begida'waanid mishawagaam.

Mii igo ezhi-nisoogaabawiwaad Migiziins,
Makoons, miinawaa Nigigoons. Gaa-pimi-izhi-
noogibizonid waabishkiiwenid bebaamaadiziwaad.
Gaa-ganoonigowaad miinawaa gagwejimigowaad
ji-mazinaakizondwaa.

"Ahaw," ikidowag.

Mii dash i'iw egowaad iniw waabishkiiwenid,
"What does that mean?"

Nigigoons ikido, "Yes."

Gaa-izhi-gabaawaad igiw waabishkiiwewaad
dakonamowaad omazinaakiziganimiwaa.
Ozhigaabawi'indwaa miinawaa
mazinaakizondwaa. Bebezhig iniw
waabishkiiwenid ogii-maamiinigowaan
niizhooniyaas.

"Aaniish ezhinikaazoyeg?" odizhi-
gagwejimigowaan waabishkiiwenid.

"Niin Migiziins," ikido bezhig.

"Niin Nigigoons."

Makoons giigido, "Waasaa Jiimaan Peterson."

Mii iw gaa-igod bezhig iniw waabishkiiwenid,
"That's a nice name. What does it mean?"

Makoons gii-ikido, "Far Away Boat Peterson."

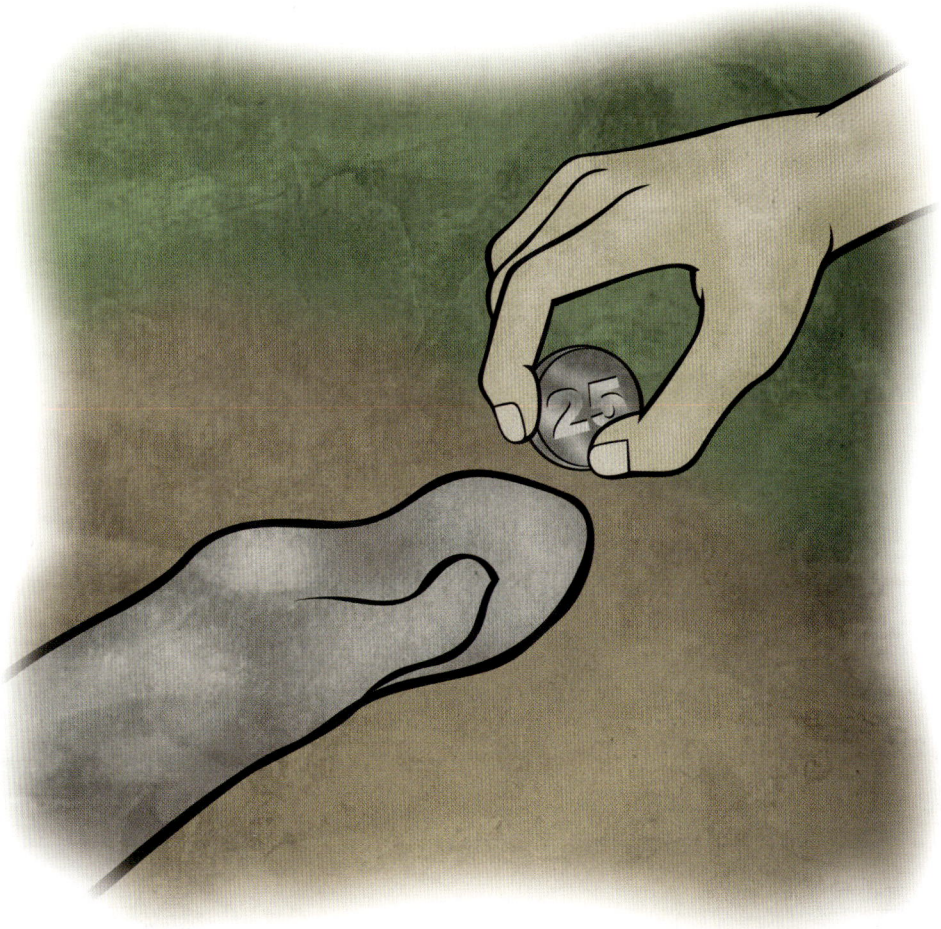

Gaa-ishkwaa-mazinaakizondwaa Makoons,
oganoonaan iniw ojiwaaman Nigigoons miinawaa
Migiziins, "Ambe shke naa, awi-adaawedaa!"

Gaa-izhi-naazikamowaad i'iw adaawewigamigoons,
gii-adaawewaad dekaag wii-dakigonewewaad.

Mii sa 'iw.

Gii-wewebanaabiiwaad Nigigoons Miinawaa Makoons

Rose Tainter

Lisa LaRonge

Nigigoons ogagwejimaan Makoonsan, "Mino-giizhigad noongom. Gidaa-wewebanaabiimin ina? Iwidi giga-izhaamin Miskwaagamiiwi-zaaga'iganiing. Onzaamiinowag iidog ogaawag. Akawe dash gidaa-ozhiitaamin. Ayi'ii wiin igo jiimaan nindayaan miinawaa abwiin. Mooseg giga-aabaji'aanaanig da-miijimikanjigeyang. Ayi'ii ge niin nindayaanan migiskanaatigoon. Ayi'ii dash gidaa-maajiidoomin ge-nawapoyang."

Gaa-izhi-madaabiiwaad Nigigoons miinawaa
Makoons gii-niminaawenamowaad aya'aa dash azhebowe
Nigigoons. Makoons ikido, "Mii omaa ge-dazhi-
wewebanaabiiyang. Daga wiidookawishin," Makoons
odinaan Nigigoonsan. "Gaawiin ninitaa-agokanaasii
moose imaa migiskaning."

"Gidaa-waabanda'in ge-izhichigeyan ji-agokanad moose imaa migiskaning," ikido Nigigoons. "Mii iwe agokanag moose imaa migiskaning."

"Miigwech," ikido Makoons.

Maajii-wewebanaabiiwaad. "Oonh nindebibinaa
bezhig giigoonh," ikido Makoons. "Gaye niin," ikido
Nigigoons. "Niibowa go naa gidebibinaanaanig ogaawag,"
ikido Makoons. Gabe-zhebaa gii-wewebanaabiiwag biinish
igo ani-naawakwenig.

Mii dash nawapowaad. "Nibakade," ikido Nigigoons.
"Gidaa-miijimin ina ginawapwaaninaan?" "Nibakade gaye
niin," ikido Makoons. "Daga shko gonzaabiikoojigan
agwaawebinandaa. Mii imaa ji-agomoyang wiisiniyang,"
Nigigoons ikido.

Gaa-ishkwaa-wiisiniwaad, "Daga wiikobidoodaa
gonzaabiikoojigan. Gozigwan igo naa," ikido
Nigigoons. "Geyaabi na gidaa-wewebanaabiimin?"
odizhi-gagwejimaan Makoonsan. "Enya', geyaabi
wewebanaabiidaa. Gegaa go naa ninoonde-nibaa," ikido
Nigigoons.

Gaa-izhi-maajii-wewebanaabiiwaad miinawaa.
Gegapii go naa gii-noonde-nibaawag. Gii-kawingwashiwag
imaa jiimaaning. Gii-ni-animaabogowag. Waasa go naa
gii-inaabogowag. Gaa-izhi-amajised Makoons inaabid mii
zhigwa ani-onaagoshininig.

"Nigigoons! Goshkozin! Ke gosha naa waasa
gigii-inaabogomin," Makoons ikido. Nigigoons gaa-
izhi-goshkozid inaabiwaad jiimaaning gaawiin ogii-
waabamaasiwaawaan ogaawan gaa-tebibinaawaad.
"Ganabaj naa gayaashkwag gigii-kimoodimigonaanig,"
ikido Makoons.

"Daga shko ani-maajaadaa," ikido Nigigoons. "Giin gidaa-azhebowe," inaa Makoons. Dagoshinowaad iwidi gaa-pi-inaabogowaad Makoons ikido, "Daga miinawaa wewebanaabiidaa."

Niibowa naa miinawaa ogii-tebibinaawaan ogaawan.
"Daga shko aanizhiitandaa," Nigigoons ikido.

"Wewiibitaan!" ikido Nigigoons, "Ninoonde-miizii
gosha! Gegaa go naa nimiidiz!"

Makoons ginagaapi. "Gaye niin, ninoonde-miizii.
Gabe-giizhik ninginikaatoon nimoo."

Dagoshinowaad jiigibiig gabaa-gwaashkwaniwaad.
Apatoowaad megwayaak wii-miiziiwaad. Giizhiitaawaad,
"Oonh niminomanji'," ikido Nigigoons. "Gaye niin,
niminomanji'," ikido Makoons.

Gaa-izhi-agwaabidoowaad i'iw jiimaan asiginaawaad
iniw ogaawan. Gaa-ni-izhi-gopiiwaad dagoshinowaad
endaad Makoons. "Makoons," odinaan omaamaayan,
"Niibowa ningii-tebibinaanaanig ogaawag." Omaamaayan
odigowaan, "Gidaa-jiiga'waawaag ogaawag. Giizhiitaayeg
gidaa-baanizhwaawaag agiw ogaawag."

Giizhiitaawaad, ogii-maajiidoonaawaan iniw
zhiigozhiganan gii-wi-ningwa'amowaad.

Omaamaayan Makoons ikidowan,
"Niin ninga-zaasakokwaanaag
agiw ogaawag, opiniig gaye ninga-
onzwaag. Bakwezhigan igaye
ninga-ozhi'aa. Giinawaa dash
gidaa-wi-wiindamawaawaag
Nigigoons ogitiziiman miinawaa
odinawemaaganan. Gidaa-bi-
wiidoopamigonaanig."

Gakina awiya gii-
minwanjigewag.

Mii sa iw.

Ishkwaabii'igewin

Miziwe go ayaawaad ongow netaa-ojibwemojig, obabaamendaanaawaa yo'ow gidinwewininaan. Niinawind gaa-tazhiikamaang o'ow mazina'igan *Naadamaading* niwiikwajitoomin wiidookodaadiyaang apane ji-doodamaang gegoo wii-naadamaagemagak weweni ji-bimaadiziiwinagak o'ow anishinaabemowin. Inashke sa naa gii-inaakonigeyaang wii-tazhiikamaang mazina'iganan wii-aabadak ji-gikinoo'amawindwaa indabinoojiinyiminaanig ji-nitaa-agindamowaad gidinwewininaan. Onzaam apane aabadak bebakaan zhaaganaashiimo-mazina'iganan ji-gikinoo'amawindwaa abinoojiinyag. Miinawaa ezhi-aanikanootamaang onow mazina'iganan geyaabi go initaagwadoon dibishkoo go zhaaganaashiimowin. Miinawaa sa go gaye mazinibii'igaazowag wayaabiingwejig endoodamowaad anooj igo gegoo imaa chimookomaanendaming. Ingii-wii-kanoodaamin anishinaabe-inendamowin nawaj ji-gikenimindwaa gidoodeminaanig miinawaa sa go gaye awegodogwen epiitendamaang anishinaabewiyaang. Ingii-minosemin gii-wiidookawiyangidwaa ingiw enokiijig imaa

"Minnesota Humanities Center" ezhinikaadeg ji-miinigooyaang zhooniyaa bangii waa-gashkitooyaang ji-babaamaadiziyaang maawanji'idiyaang wii-tazhiikamaang onow dibaajimowinan ji-gikinoo'amaageng. Gii-anoonaa Jonathan Thunder ji-mazinibii'ang gakina gegoo gaa-tazhindaagwak imaa dibaajimowining.

Akawe gii-sanagad ji-maajitaayaang. Baabige dash gii-kojitooyaang o'ow. Bezhig mindimooyenh imaa, Ogimaawigwanebiik ezhinikaazod ogii-tazhimaan iniw ookomisan. Wiikaa wiidookawaad, apane ogii-igoon, "Waabikwaan bezhig gimiinin." Mii imaa ookomisan gaa-izhi-daanginigod oshtigwaan miinawaa gaa-izhi-ininamaagod Ogimaawigwanebiik iniw waabikwaanan waa-miinigod. Ingii-gikendaan dibaajimowin bezhig waa-tazhiikamaang. Gii-tibaajimaa Migiziins ezhinikaazod. Ogii-wiidabimaan iniw omaamaayan gigizhebaa-wiisinid bizindang apane i'iw ogidochiganens baabige dash wiindamaagod ji-o-wiidookawaad ookomisan. Mii iw gaa-izhichigepan baabige dash wiindamaagod, "Waabikwaan bezhig gimiinin." Gaawiin dash wiin igo ogii-nisidotanziin gaa-onji-miinigod waabikwaan baabige dash azhegiiwed inaabid imaa waabamoojichaagwaaning eshkam gii-waabigwaned oshtigwaaning gaa-onji-gikendang wenji-apiitendaagwak ji-naadamawaad nawaj epiitizinijin. Mii iw bezhig dibaajimowin. Gii-ayaawag naanan nawaj epiitizijig imaa gii-maawanji'idiyaang. Bebezhig ogii-tazhiikaanaawaan dibaajimowinan wiidabimaawaad iniw enishinaabewisidoonijin. Mii imaa wendinigaadegin onow dibaajimowinan. Gaawiin dazhimaasii Wenabozho. Mii eta go oshki-dibaajimowinan onow. Bebakaan ishkoniganan indoonjibaamin. Gaawiin dash

wiikaa ingii-pabaamendanziimin. Netaa-ojibwemod ogii-
aabajitoon gidinwewininaan keyaa gekendang. Gaawiin awiya
ogii-aanjitoosiinan odikidowinan. Mii keyaa gaa-apiitendamaang
gakina onow dino-giizhwewinan wii-pimaadiziiwinagak. Apegish
wii-naadamaagooyeg giinawaa aabajitooyeg yo'ow mazina'igan
ji-gikendameg gidinwewininaan keyaa aabadak miziwe go
anishinaabewakiing. Miigwech aapiji. Mii sa go iw.

Endazhiikangig

Ogimaawigwanebiik miinawaa Ogimaakwewibiik izhinikaazo. **Nancy Jones** izhi-zhaaganaashiiwinikaazo. Wazhaskwan odoodeman. Biigwaj ayi'ii gii-tazhi-ombigi ookomisan ogii-ombigi'igoon. Mii dash gii-ashi-niso-biboonagizid ogii-wiidigemaan Nigigoonsiminikaaniiwininiwan, Boonjigwaneyaash gii-izhinikaazo. Niizhwaasimidana ashi-bezhig daso-biboonagizi. Gii-kiginitaawigi owe anishinaabemowin. Mii iwe apane ezhi-gaagiigidod. Bangii eta ogikendaan zhaaganaashiimowin. Ashi-nishwaaso-biboon ogii-gikinoo'amaagen anishinaabemowin miinawaa anishinaabewitwaawin imaa zhaaganaashiiwakiing. Geyaabi go o'apii ondaaji'idizo noopiming gaa-onjiig wiisiniwin. Apane go odazhiikaan gaye aazhawinamaaged gidinwewininaan gaye gidizhitwaawininaan. Aapiji ominwendaan owe dazhiikang apane gaa-gii'-izhi-miinigoowiziyang ji-izhi-gaagiigidoyang manidoo gaa-gii'-miininang. Gichi-ishpendaagwad gaa-ina'oonigooyang.

85

Miskwaanakwad indigoo. Miinawaa Gegaanwaanikwed.
Zhingobiins igaye. Ozaamiinadoon indoojibwewinikaazowinan.
Mii 'iw eta go niswi gikendamaan. Mii iniwen niswi apane
gaa-pi-igooyaan gii-pi-ikogiyaan Obaashiing. **Eugene Stillday**
indigoo Zhaaganaashiimong. Mii go omaa Obaashiing gaa-tazhi-
nitaawigiyaan miinawaa ikogi'igooyaan. Midewing inagakeya

ingii-izhi-biindiganigoo o'owe niiyaw
miinawaa nibimaadiziwin. Mii 'iw
eta go anishinaabe-izhitwaawin gaa-
pi-gikendamaan, gii-ojibwemoyaan
igaye. Mii iw bijiinag gaa-maajii-
gikinoo'amaagooyaan gii-odaapinamaan
waabishkiiwed odinwewin. Ogaakaaning
ingii-tazhi-gabe-gikendaas Ode'imini-
giizis ashi zhaangaswaak ashi naanimidano
gaa-ishkwaa-ayaad Gizhe-manidoo. Ingii-taangigwanenige
ji-zhimaaganishiiwiyaan maagizhaa gaye niizho-anami'e-
giizhikwagak jibwaa-giizhiikamaan nigikinoo'amagoowin.
Babamaashiiwinini ingii-aaw niiwo-gikinoonowin Korea apii gii-
miigaading. Mii iwidi gii-waabandamaan zanagadong gii-idaming.
Niibowa ingii-agwaa'oonaanaanig zhimaaganishag imaa Inchon
miinawaa Wonsan. Nising ingii-pi-giiwemin omaa minisiing gii-
aazhawishkamaang iwe gichigami gichi-jiimaaning gaa-pooziyaan
miinawaa nising ingii-o-daagoshinimin endazhiikodaading.
Gaa-tagoshinaan ingii-piindige waabishkiiwed ogichi-
gikinoo'amaadiwining gii-mamooyaan babaamiziwin miinawaa
asigibii'igewin. Gaa-kabegikendaasoyaan omaa,

mii 'iw gaa-inanokiiyaan nisimidano ashi ningodwaaso-biboon.
South Dakota ingii-ayaamin ningodoodewiziyaang nishwaaso-
biboon; ozhibii'igewigamigong imaa daashkiboojiganing Gaa-
madaabiimog igaye naano-biboon. Ogaakaaning igaye niishtano
ashi niswi ingii-anokiitaage imaa Miskwaagamiiwi-zaaga'iganiing
Zagaswe'idiwining. Mii omaa gii-mamooyaan anwebiwin
gii-ishkwaa-aginzod Onaabani-giizis ashi zhaangaswaak
zhaangasimidano ashi niizhwaso gaa-ishkwaa-ayaad Gizhe-
Manidoo. Noongom idash ayaapii niwiidookawaa gichi-
gikinoo'amaagewinini owidi wenjiid University of Minnesota
ozhibii'amaang Ojibwemong imaa ikidowini-mazina'iganing.
Mii go omaa wenjiid a'awe niwiijiiwaagaan. Zhooniyaabiik inaa.
Alfreda izhinikaazo zhaaganaashiimong. Ingodwaaso ingii-
miinigoowizimin igiw anishinabeg. Niswi ikwewag miinawaa niswi
ininiwag. Ozaamiinowag noozhishenyinaanig. Ozaamiinowag
igaye indaanikoobijiganinaanig. Naanimidano ashi niiwin
gikinoonowin gaa-ako-wiidigendiyaang awe niwiijiiwaagan.
Niminwendaan aapiji wiidookawag a'awe niijanishinaabe miinawaa
gaagiizomag.

Zhaangwesh **(Rose Tainter)** ogii-inendaan miinawaa ogii-dazhiikaan Waadookodaading Ojibwemowini-gikinoo'amaadiiwigamigong Odaawaa-zaaga'iganiing wayeshkad gii-inendaagwak. Obaashiing onjibaa iwidi Miskwaagamiiwi-zaaga'igan ishkoniganing. Gii-ojibwemo nitam jibwaa-ani-gikendang zhaaganaashiimowin Gaa-ako-midaaso-biboonagak gii-gikinoo'amaage, gii-inaakonige, ogii-ozhitoon enaabadak, miinawaa ogii-wiidookawaan gekinoo'amaagenijin imaa.

Waasabiikwe **(Anna C. Gibbs)** gii-tazhi-nitaawigi'aa Obaashiing imaa Miskwaagamiiwi-zaaga'igan ishkoniganing. Odayaawaan niswi oniijaanisan. Ginwenzh onaadamawaan wiijanishinaaben babaa-wiinaad abinoojiinyan, maajaa'iwed miinawaa midewi'iwed. Waasabiikwe, mii wiinitam ikwe midewi'iwed imaa Obaashiing. Miziwe go minwaabamewizi ezhichiged miinawaa go gikendang anishinaabe-izhichigewin.

Anangookwe **(Marlene Stately)** dibendaagozi Gaa-zagaskwaajimekaag. Ginwenzh gii-anokii wiidookawaad wiijanishinaaben nawaj ji-gikendaminid yo'ow anishinaabemowin. Noongom anokii iwidi Niigaane Gikinoo'amaadiiwigamigong. Gii-agaashiinyid ogii-gikendaan anishinaabemowin eta go. Geyaabi go wawiingezi miinawaa odaabajitoon gakina gekendang ji-naadamaaged wii-pimaadiziiwinagak gidinwewininaan.

Waagosh **(Anton Treuer)** gikinoo'amaage iwidi Bemijigamaag
Gabe-gikendaasoowigamigong anishinaabemowin miinawaa gaa-
izhiwebak mewinzha. Niibowa ogii-ozhibii'aanan mazina'iganan:
The Assassination of Hole in the Day miinawaa *Ojibwe in Minnesota*
miinawaa *Living Our Language: Ojibwe Tales & Oral Histories*
miinawaa *Aaniin Ekidong: Ojibwe Vocabulary Project.* Apane go
gaye odazhiikaan *Oshkaabewis Native Journal.* Gii-inendaagozi
ji-miinind niibowa bebakaan dino ayi'iin dibishkoo go: American
Philosophical Society, National Science Foundation, National
Endowment for the Humanities, Bush
Leadership Fellows Program, miinawaa
John Simon Guggenhem Foundation.

Waawaakeyaash **(Keller Paap)** Pasaabikaang dazhi-anishinaabe aawi. Gii-wiidookaage gii-izhi-maajisenig Waadookodaading gabe-ojibwemowi-gikinoo'amaadiiwigamig imaa Odaawaa-zaaga'igan ishkonigan ezhinikaadeg. Inanokii da-ganawenjigaadeg ojibwewanishinaabemowin izhi-gikinoo'amaaged. Noongom dash gikinoo'amaage imaa Waadookodaading endazhi-gikinoo'amawindwaa abinoojiinyag, miinawaa babaa-ayaa maawanji'iding izhi-gaagiigidod dazhindang izhi-ganawenjigaadenig odinwewiniwaa anishinaabeg.

Bebaamaashiikwe **(Lisa LaRonge)** odazhiikaan enaabadak ji-gikinoo'amaageng iwidi Waadookodaading Ojibwemowini-gikinoo'amaadiiwigamigong Odaawaa-zaaga'iganiing. Ogii-inendaan miinawaa ogii-dazhiikaan Waadookodaading wayeshkad gii-inendaagwak. Gaa-ako-nishwaaso-biboonagak gii-gikinoo'amaage, gii-inaakonige, ogii-ozhitoon enaabadak, miinawaa ogii-wiidookawaan gekinoo'amaagenijin imaa. Noongom odazhiikaan enaabadak ji-gikinoo'amaageng. Owiidanokiimaan Zhaangwesh (Rose Tainter) dazhiikamowaad mazina'iganan.

Migizi (**Michael Sullivan**) niigaanowe imaa
Opwaaganiiwasin Negamojig. Odazhiikaan
Ph.D. iwidi Gakaabikaang Gabe-
gikendaasoowigamigong. Owiidookawaan
Biidaanakwad endazhiikaminid gaagiido-
mazina'igan anishinaabe-ikidowinan.
Miziwe go babaamaadizi wiidookawaad
wiijanishinaaben nagamod miinawaa
dazhiikang gidinwewininaan.

Biidaanakwad (**John D. Nichols**) gikinoo'amaage imaa
Gakaabikaang Gabe-gikendaasoowigamigong anishinaabemowin.
Miinawaa odazhiikaan mazina'igan etegin niibowa ojibwe-
ikidowinan wii-noondaagwakin igaye, "gaagiigidoo-mazina'igan"
inendaagwak.

Wezaawibinesiik izhinikaazo. **Lucia Bonacci** izhi-zhaaganaashiiwinikaazo. Bizhiwan odoodeman. Gii-aazhawaangoomaa o'omaa Nigigoonsiminikaaning. Gii-niibing mii omaa endazhi-niibinishid Nigigoonsiminikaaning. Ookomisikaawinan owiiji'ayaawaan gaye owiiji'aan. Apane go ogikinoo'amaagoon ookomisan ji-nitaa-anishinaabemod gaye ji-nisidotang anishinaabewitwaawin. Aapiji ogichi-ishpendaan gikinoo'amaagod odinawemaaganikaana' gaye odinawemaagana' gaa-gii'-pi-onji-ayaad. Apane go gaye wiin owiijitoon ji-bimaadiziimagak gidinwewininaan gaye gidizhitwaawininaan. Biboonong ogii-kiizhitoon bachelors degree imaa gabe-gikendaasoowigamigong University of Minnesota Twin Cities.

Jonathan Thunder is a painter and digital media artist who currently resides in Minneapolis. He has attended the Institute of American Indian Arts in Santa Fe and graduated from the Art Institutes International MN with a Bachelor's degree in Visual Effects and Motion Graphics. His works have been featured in many state, regional and national exhibitions and in both local and international publications. Work by Jonathan can be viewed on several online venues such as MNartists.org, PaintingsILove.com and others.

Illustrating this book was a great experience. I was able to help in bringing a magical world to life and fill it with characters that have several endearing personality traits.